Gerlinde Knisel-Scheuring

WIE RIECHT WEIHNACHTEN?

mit Illustrationen von Mathias Weber

D1662090

Verlag Ernst Kaufmann

INHALT

1. Auflage 2001
© 2001 Verlag Ernst Kaufmann, Lahr
Dieses Heft ist in der vorliegenden Form in Text und Bild urheberrechtlich geschützt.
Jede Verwertung ist ohne Zustimmung des Verlags Ernst Kaufmann unzulässig und
strafbar. Dies gilt insbesondere für Nachdrucke, Vervielfältigungen, Übersetzungen,
Mikroverfilmungen und die Einspeicherung und Verarbeitung in elektronischen
Systemen.
Printed in Germany
Umschlaggestaltung: Stefan Heß
Hergestellt bei Dinner Druck GmbH, Schwanau
ISBN 3-7806-2565-2

EINLEITUNG

Es gibt Völker, bei denen man sich zur Begrüßung oder zum Abschied in der Familie an der Stirn beriecht. Die Inuit reiben ihre Nasen aneinander – zärtliche und sehr innige Gesten. Ein Vater in der Mongolei beriecht seinen kleinen Sohn am Haaransatz und sagt: „Aber mein liebes Kind, du bist ja den ganzen Tag draußen in der Kälte gewesen", denn wer seinen Geruchssinn wach hält, weiß, wie der andere sich fühlt und wo er gerade herkommt.

Früher schätzte man kostbare Öle und Kräuter, kannte ihre heilende Wirkung – ein Wissen, das zunehmend wieder bedeutsam wird. Wo man damals unbefangener mit menschlichen Gerüchen umging, bekämpfen wir heute den „Geruch nach Mensch". So geht ein Teil der emotionalen und sozialen Bedeutung des Geruchssinnes verloren.

Gerade im Umgang mit Kindern aber sind Gerüche wichtig. Mütter erfahren den Duft ihrer Kinder als sinnliches Vergnügen. Der Duft von Babys ist eindeutig ein Lockstoff: Eltern wollen mit ihren Kindern schmusen, sie küssen und knuddeln. Das gegenseitige Beriechen und Beschnüffeln ist von größter Bedeutung für Eltern und Kind. Es bindet sie aneinander und dem Kind gibt der Geruch der Eltern Gefühle der Sicherheit und des Geborgenseins. Außerdem – und das ist mindestens ebenso wichtig – können die Eltern riechen, ob es ihrem Kind gut geht oder ob es krank wird.

Der Geruchssinn weckt liebevolle Gefühle füreinander, Begehren, Lust oder Geborgenheit. Wir kennen alle die starke Gefühlsbetonung von Geruchserlebnissen:

den Duft einer Blumenwiese, auf der wir als Kinder gespielt haben, den Geruch eines Kartoffelfeuers oder den nach Weihnachtsplätzchen vergessen wir nie. Gerüche werden in den tiefsten Schichten unserer Erinnerung gespeichert. In unserer Arbeit mit Kindern wollen wir dem Geruchssinn daher besondere Beachtung schenken, ihn wiederentdecken und fördern.

Gerlinde Knisel-Scheuring

WISSENSWERTES RUND UMS RIECHEN

Ein unscheinbarer, aber sehr wichtiger Sinn

Unsere menschliche Nase kann mehr als 3.000 Duftnuancen unterscheiden und zehn Millionen Riechzellen sind für die Geruchserkennung verantwortlich. Sie liegen verteilt am oberen Ende unserer Nasenschleimhaut. Die Organe für das Riechen und Schmecken sind schon beim Embryo voll ausgebildet, aber die Wahrnehmung tritt höchstwahrscheinlich erst nach der Geburt mit der Luftatmung ein. Dann genügen jedoch schon wenige Duftmoleküle, damit ein Signal an das Hirn weitergeleitet wird. Im Riechzentrum wird diese Information verarbeitet und geht an das limbische System, die „Gefühlsfabrik" in unserem Gehirn.

Aus diesem Grund sind Gerüche untrennbar mit unseren Empfindungen gekoppelt. Während das, was wir sehen und hören, unsere rationale Welt bestimmt, stehen Gerüche eng mit unserem Gefühlsleben in Zusammenhang. Es gibt Düfte, die Glücksgefühle in uns auslösen, und Gerüche, die uns anwidern. Und wir begegnen Menschen, die wir „einfach nicht riechen können", weil unsere Wahrnehmung hier offenbar mit unangenehmen Erinnerungen verbunden ist.

Duftexperten wissen, dass Stickstoff- und Schwefelverbindungen von fast jedem als unangenehm empfunden werden: Abfälle oder Essensreste stinken – ein wichtiges Alarmsignal, das uns davor bewahrt, verdorbene und damit schädliche Nahrung zu uns zu nehmen. Unangenehme Gerüche aus dem Kühlschrank werden meist durch Fäulnisbakterien ausgelöst. Für den typisch muffigen Geruch, den alte Kleider oder Vorhänge annehmen können, sind hingegen bestimmte Pilzarten verantwortlich.

Heilsame Aromen – schädliche Gerüche

Ganz wichtig ist der Geruchssinn als untrügliches Warnorgan. Schlechte, unangenehme Gerüche weisen auf schädliche Wirkung hin, angenehme Gerüche dagegen auf heilsame Einflüsse. Wahr-

scheinlich erscheint der Teufel in Sagen und Erzählungen deshalb immer in einer fürchterlich stinkenden Schwefelwolke – und unsere zunehmende Luftverpestung ist in diesem Sinne wirklich „des Teufels". Sie nimmt Wäldern, Wiesen und Gärten die Seele und vernichtet sie. Im Grunde registriert unser Geruchssinn das lange, bevor wir es sehen und bewusst beachten. Gegen die Luftverschmutzung durch Abgase entwickeln wir Abwehrreaktionen wie allergischen Schnupfen; Kinder leiden unter Pseudo-Krupp.

Die heilende Kraft der Duftstoffe und Essenzen ist ein Geschenk der Natur. Gerade bei der zunehmenden Umweltbelastung ist es dringend geboten, sich dies ins Gedächtnis zurückzurufen, diese Gaben zu pflegen und zu bewahren.

Der Umgang mit natürlichen Duftstoffen und Aromen ist so alt wie die Menschheit selbst. Immer schon dienten Pflanzen als lebensnotwendige Nahrungsmittel, deren Genießbarkeit bei der täglichen Nahrungssuche mit den Augen und mit der Nase überprüft wurde. Unsere Vorfahren eigneten sich lebenswichtige Kenntnisse über giftige, ungenießbare, aber auch über essbare und wohlschmeckende Pflanzen an, die über die Sättigung hinaus noch andere Wirkungen zeigen, zum Beispiel die Verdauung anregen und wohltuende Gefühle im Magen hervorrufen.

Seitdem die Menschen das Feuer kannten, verbrannten sie Pflanzen und entdeckten dabei angenehme Wohlgerüche. Überlieferungen zufolge gehören Rosmarin und Thymian zu den ältesten Aromapflanzen, die als Räucherwerk dienten. Der beim Verbrennen dieser Kräuter entstehende aromatisch duftende Rauch beeinflusste das eigene Wohlbefinden äußerst angenehm. Das „Beräuchern" eines Kranken zählt zu den ältesten und ersten Heilbehandlungen der Menschheitsgeschichte.

Die ältesten historischen Überlieferungen, in denen von der medizinischen Verwertbarkeit der Aromapflanzen berichtet wird, stammen aus der Zeit um 2000 vor Christus. Auch in der Bibel finden sich Zeugnisse über den Gebrauch bestimmter Pflanzenöle.

Die alten Ägypter waren Meister im Umgang mit Aromapflanzen. Die Aufbereitung bestimmter Pflanzen zu Heilzwecken war ein wesentlicher Bestandteil ihrer Medizin. Aber auch für die tägliche Hygiene und zur kosmetischen Anwendung wurden duftende Öle hergestellt.

Auch die Griechen und Römer profitierten von der hoch entwickelten Heilkunst Ägyptens. Da diese Völker intensiv Seefahrt und Handel betrieben, gelangte das Wissen um Düfte und Heilkräuter auch in ihren Kulturkreis. So übernahmen sie die Kunst der Parfümherstellung und das medizinische Wissen von der Heilwirkung verschiedener Kräuter. Der bei uns als der Vater der abendländischen Medizin bekannte Grieche Hippokrates betont in seinen Schriften ausdrücklich den medizinischen Nutzen von Inhalationen mit Kräuterdämpfen. Dabei erwähnt er besonders die Heilwirkung von Myrrhe, Weihrauch und Thymian.

Myrrhe und Weihrauch sind neben Gold die wertvollen Geschenke, welche die drei Weisen aus dem Morgenlande dem neugeborenen König mitbrachten. Diese kostbaren und heilsamen Gewächse sind seitdem untrennbar verbunden mit der Weihnachtsgeschichte.

Dioskurides und Galen, Ärzte der Antike, verfassten gegen Ende des ersten Jahrhunderts ein umfangreiches medizinisches Standardwerk, das unter anderem die heilende Wirkung wichtiger Duftpflanzen behandelt. Kardamom, Zimt und die Wurzel der Iris sind nur einige Beispiele aromatischer Pflanzen, deren Wirkungsspektrum darin schon ausführlich beschrieben wurde. Interessanterweise sind auch viele dieser Heil- und Aromapflanzen wesentlicher Bestandteil von Weihnachtsbräuchen.

Dieses Wissen wird heute wieder zunehmend wichtig und praktisch genutzt.

Kinder erhalten Zugang zu diesem wichtigen Thema, wenn wir mit ihnen einen Garten anlegen, in dem wir verschiedene Pflanzen und Kräuter pflegen, oder wenn wir gemeinsam die Wirkung von unterschiedlichen Gerüchen ausprobieren. Manchen Kindern hilft ein Aromalämpchen mit einem Tropfen Melisse beim Einschlafen.

Wenn wir mit verschiedenen Düften unseren Geruchssinn verwöhnen, beraten sich die Kinder und erzählen einander, woran sie der eine oder andere Duft erinnert. Sie erkennen auch, dass sich die Nase ab und zu erholen muss und sich manche Düfte nicht vertragen.

AKTIONEN MIT DEN KINDERN

DIE NASE UND DAS RIECHEN

Unsere Nase ist etwas ganz Besonderes. Wir beschäftigen uns deshalb näher mit unserer Nase.

- Wir sehen unsere Nase im Spiegel an.
- Wir befühlen sie mit den Händen und überlegen, was das Aussehen der Nase charakterisiert: Nasenlöcher, Nasenflügel, Nasenrücken …
- Wir erfinden Rätsel rund um die Nase: Wer trägt eine Brille und kann doch nicht sehen? – Wer hat zwei Flügel und kann doch nicht fliegen?
- Die Kinder hören Geschichten und Märchen, in denen die Nase eine wichtige Rolle spielt: zum Beispiel „Zwerg Nase" von Wilhelm Hauff oder „Pinocchio" von Carlo Collodi.

- Wir machen Abdrücke von unseren Nasen: Dazu werden sie mit Farbe eingepinselt, nun wird die Nasenspitze auf ein Blatt Papier gedrückt. Um den Abdruck der Nase herum malen die Kinder ihr Gesicht.
- Wir machen Bilder im Profil. Die Kinder erkennen, wie unterschiedlich ihre Nasen sind und dass die Nase sehr wichtig ist, um ein Gesicht zu erkennen und einer Person zuordnen zu können.
- Wir stellen Scherenschnitt-Porträts her. Jetzt wird noch deutlicher, wie wichtig die Nase ist. Wird sie auf dem fertigen schwarzen Papierbogen weggeschnitten, sind die Gesichter längst nicht mehr so leicht zuzuordnen.

SCHERENSCHNITT-PORTRÄT

Ein Scherenschnitt zeigt meine Nase im Bild

Wir benötigen:
- einen Diaprojektor oder eine Lampe mit sehr kräftigem, gebündeltem Licht
- pro Kind einen Bogen schwarzes Scherenschnittpapier im Format DIN A3 (ersatzweise schwarzes Tonpapier und einen Bogen weißes Zeichenpapier)
- einen Bogen weißes Zeichenpapier Format DIN A3 oder DIN A2
- Bastelkleber
- Klebeband
- einen Bleistift
- eine kleine, spitze Schere

Durchführung:
Das Kind, das porträtiert wird, setzt sich auf einen Stuhl und rückt ganz dicht an eine helle Wand oder Schranktür, und zwar so, dass es parallel zur Wand blickt. Der Kopf sollte sehr nah an der Wand sein. Man muss jedoch darauf achten, dass die Haltung bequem ist und das Kind ohne Mühe eine längere Zeit ruhig sitzen kann.

Das Licht wird so eingestellt, dass der Schatten des Kopfes gut auf der Wand zu sehen ist. Der Schatten darf dabei nicht zu schräg auf die Wand fallen, sonst wird das Schattenbild verzerrt.

Nun das Scherenschnittpapier mit Klebeband an der Stelle befestigen, wo der Schatten des Kopfes auf die Wand fällt. Dabei muss die schwarze Seite des Papiers zur Wand zeigen, sodass auf der weißen Seite gezeichnet werden kann.

Sorgfältig wird nun der Umriss des Schattens nachgezeichnet. Je regungsloser das Kind sitzt und je genauer hier gezeichnet wird, desto präziser ist später das Scherenschnittbild. Nach dem Abzeichnen wird das Porträt exakt mit einer kleinen Schere ausgeschnitten.

Das fertige Bild klebt man erst auf einen weißen Papierbogen und dann nochmals auf einen größeren schwarzen Tonpapierbogen; so erhält das Kunstwerk einen abschließenden Rahmen.

8

Ein Scherenschnitt-Porträt ist ein eindrucksvolles Geschenk, denn nicht nur mit einem Foto, sondern auch mit diesem viel älteren Verfahren kann man das Charakteristische eines Kopfes wiedergeben.

SCHNÜFFEL-DETEKTIVE UNTERWEGS

Im Kindergarten gibt es viele Räume, in denen auch Unterschiedliches gespielt wird, verschiedene Dinge gelagert sind usw. Die Kinder spielen Schnüffel-Detektive, d. h. sie erkunden gemeinsam, wie es wo riecht und ob sie die stärkste „Riechquelle" ausmachen können.

Das ist in manchen Räumen ganz leicht, in anderen wiederum gar nicht so einfach. In der Putzkammer beispielsweise riecht es eindeutig nach Putzmittel und Seife, im Werkraum nach Holz und Leim, im Rollenspielzimmer jedoch können die Kinder nicht genau sagen, wonach es riecht und auch im Spielzimmer lässt sich das schwer ausmachen.

Deshalb suchen sie nach Details: Sie stecken ihre Nase auch in kleine Ecken, Kisten und Schubladen und ergründen, wie es in der Kiste mit den Bauklötzen riecht oder in der Schublade mit den Farbstiften. Wie riecht es in der Dose mit Knete?

Die Kinder merken schnell, dass sie die einzelnen Gerüche oft gar nicht richtig beschreiben können. Sie wissen zwar, wie es riecht, aber ihnen fehlen die Worte. – Oft können auch die ErzieherInnen nicht weiterhelfen, da es ihnen genauso geht.

Doch je intensiver sich die Kinder mit dem Erschnüffeln ihrer Umgebung und mit den erklärenden Zuschreibungen beschäftigen, desto leichter fällt es ihnen, die Dinge zu benennen und ihren Duft zu charakterisieren. Mit wachsender Erfahrung lernen sie zu beschreiben und zu vergleichen.

Die Kinder äußern sich auch darüber, ob sie den Geruch gut finden oder eher nicht, ob es angenehm riecht oder stinkt?

Natürlich „schnüffeln" die Kinder auch im Garten, schnuppern die Straße entlang und beschreiben, was sie dort riechen.

Weitere besondere Schnupper-Erlebnisse haben die Kinder auf einem Gemüsemarkt oder in verschiedenen Läden: in der Bäckerei oder Metzgerei, beim Friseur oder in einem Blumengeschäft. – Welch Paradiese zum Schnuppern, Schnüffeln und Riechen!

WO BIN ICH?

Die Kinder werden einzeln mit verschlossenen Augen in einen Raum geführt. Dort schnüffeln sie so lange herum, bis sie wissen, wo sie sind.

Erstaunlicherweise erkennen die Kinder die Räume mit ziemlicher Sicherheit an deren spezifischen Gerüchen.

Sie spielen das Spiel gerne und haben viel Freude.

WIR SUCHEN RIECHWÖRTER

Es ist nicht einfach, Gerüche mit Worten genau zu beschreiben. Deshalb sollte gemeinsam mit den Kindern nach „Wortmaterial" gesucht werden.

Wie kann es riechen? – Fein, scharf, süßlich, faulig, blumig, brenzlig, säuerlich, stechend, würzig, harzig, streng, lieblich …

Oft sind vergleichende Beschreibungen hilfreich: Es riecht wie beim Zahnarzt, wie Suppe, nach Hund, nach Regen usw.

Kinder sind sehr einfallsreich: Sie werden mitunter ganz ungewöhnliche Vergleiche ziehen: Dinge können dann duften, als gehörten sie einer Prinzessin, sie können nach Urlaub riechen, nach Oma, wie der Regenbogen … Der Fantasie sind keine Grenzen gesetzt.

RIECHE-RATEN

Ratespiele sind lustig und sehr beliebt und werden von Kindern immer wieder gerne und mit großer Aufmerksamkeit gespielt.

Zunächst tragen wir viele, interessant riechende Gegenstände zusammen, zum Beispiel einen Apfel, Knete, einen Blumentopf, einen Radiergummi, einen Malstift und ein Bilderbuch. Die Kinder helfen beim Suchen und prüfen dabei schnuppernd, ob die Gegenstände einen erkennbaren Eigengeruch haben.

Das Spiel wird im Kreis gespielt. Alle Schnupper-Gegenstände liegen in der Mitte. Das „Schnupper-Kind" macht die Augen zu oder bekommt die Augen verbunden, ein anderes Kind wählt einen Gegenstand aus, hält ihn dem „Schnupper-Kind" vor die Nase und fordert es auf zu raten. Es wird so lange geschnuppert, gerochen und geschnüffelt, bis der Gegenstand erraten ist.

Ein Duft liegt in der Luft – Kennst du ihn?

Man kann das Spiel variieren, indem nur den Gerüchen nachgegangen wird – auch wenn es nichts zu sehen gibt: Welcher Duft liegt in der Luft?

Vorbereitung:

Wir benötigen Watte, mehrere kleine Gläschen mit Deckel oder durchsichtige Filmdöschen (Geschäfte, die Filme entwickeln, haben meist auch Sammelbehälter für diese Filmdosen) sowie verschiedene ätherische Öle.

Durchführung:

Ein Stückchen Watte wird mit einer Sorte Duftöl beträufelt und in ein Glas oder Döschen gesteckt. Diese Behälter gut verschließen. Nach etwa einem Tag kann die Watte herausgenommen werden. Das Gefäß hat den Duft angenommen.
Jetzt riecht es in der Dose nach etwas ganz Bestimmtem – aber nichts ist zu sehen.
Reihum werden den Kindern die Dosen oder Gläser gegeben. Sie öffnen die Schnupper-Dose und nehmen eine Nase voll Duft auf. Wer kennt den Duft?
Danach die Dose sofort verschließen, damit der Duft nicht so schnell entweichen kann und sich im Raum verbreitet. Sonst würde ein wildes Duft-Durcheinander entstehen.

DUFT-MEMORY

Dazu eine gerade Anzahl von Döschen bereitstellen. Die Döschen wiederum mit der in Aromastoffen getränkten Watte füllen, dabei immer Duft-Paare bilden, damit jeweils zwei Döschen gleich riechen.
Alle Döschen werden anschließend gemischt. Die Aufgabe der Kinder besteht nun darin, die zusammengehörenden Duft-Paare ausfindig zu machen. Sie stellen fest, dass das gar nicht so leicht ist, und merken vor allem auch, dass die Nase ab und zu eine „Riechpause" braucht.

DUFTE GESCHICHTEN

CORNELIA UND DAS RÄUCHERMÄNNCHEN

Schon lange vor Weihnachten sind überall in den Vorgärten Weihnachtsbäume mit elektrischen Kerzen zu sehen. In Cornelias Straße stehen allein drei, die jeden Abend brennen. Cornelia findet das schön. Sie möchte gern, dass ihre Eltern auch elektrische Kerzen für die Blautanne im Garten kaufen. Dann haben sie auch einen hell leuchtenden Weihnachtsbaum die ganze Adventszeit hindurch.

Aber Mutti und Vati halten nichts davon. Nein, der Weihnachtsbaum wird am Heiligen Abend im Wohnzimmer aufgestellt und festlich geschmückt. Auch nicht mit elektrischen, sondern mit echten Kerzen, sodass es richtig nach Weihnachten riecht.

Und wie ist das mit den vielen bunten Blinklichtern an den Fenstern, die Cornelia jetzt überall sieht? Lichter in vielen bunten Farben, Plastik-Sterne, die abwechselnd blau und rot blinken.

„Nein!", sagt Vati.

„Niemals!", sagt auch Mutti und schüttelt den Kopf. „Das ist Kitsch und gehört nicht zu Weihnachten!"

Als Hajo erzählt, dass seine Eltern nun auch aus seinem Fenster ein Blinkfenster gemacht haben, das den ganzen Abend blinkt, da ist Cornelia richtig traurig und ärgert sich über ihre Eltern.

„Alle schmücken ihre Fenster vor Weihnachten!", sagt sie. „Nur wir nicht!"

„Und was ist mit dem schönen großen Stern am Fenster?", fragt Mutti.

„Der ist doch nur aus Stroh! Und er kann auch nicht blinken!"

„Das ist aber traurig!", sagt Mutti und Cornelia ist sich nicht sicher, was sie nun meint. Ist es traurig, dass der Strohstern, den sie zusammen mit Mutti gebastelt hat, nicht blinkt? Oder ist sie traurig über das, was Cornelia gesagt hat?

„Wir haben kein Schaufenster zu Hause!", sagt Vati ganz ruhig. „Das Glitzern und Blinken gehört zu den Schaufenstern der Geschäfte, aber nicht zu uns!"

Am liebsten möchte Cornelia jetzt gar nicht zusehen, als Vati die dicken, roten Adventskerzen anzündet.

„Ich habe etwas ganz Besonderes gekauft!", sagt Mutti und stellt eine kleine Schachtel auf den Tisch. Vielleicht doch ein Blinkstern? Nein, dafür ist die Schachtel viel zu klein.

„Na, schau mal nach!", sagt Mutti und Cornelia nimmt vorsichtig den Deckel hoch. Erstaunt packt sie einen kleinen Mann aus, der aus Holz geschnitzt ist. Er hat eine große Pfeife im Mund und einen ganz altmodischen Hut auf. Auf dem Weihnachtsmarkt hat Cornelia solche kleinen Holzmänner schon gesehen. An einem Stand waren ganz viele aufgebaut und jeder sah ein bisschen anders aus.

„Er kommt aus dem Erzgebirge!", sagt Vati. „Jemand hat ihn geschnitzt, damit wir uns nun alle über ihn freuen können." Er nimmt Cornelia den kleinen Mann aus der Hand und dreht ganz behutsam an seinen Beinen, die in dicken Stiefeln stecken. Jetzt sind die Beine ab und Cornelia sieht, dass der Holzmann innen hohl ist. Und auf seinem Unterteil ist eine kleine Metallplatte.

„Jetzt stellen wir eine Räucherkerze darauf!", sagt Vati und holt aus einer kleinen Tüte einen winzigen roten Kegel heraus.

„Das ist doch keine Kerze!", meint Cornelia. Sie ist jetzt sehr neugierig geworden.

„Eben eine Räucherkerze!", sagt Mutti und steckt ein Streichholz an. Sie hält es ganz dicht an den kleinen roten Kegel.

„Sie brennt gar nicht!", sagt Cornelia. „Sie raucht nur!"

„Das soll sie auch!", lacht Vati und stellt nun das Oberteil des kleinen Holzmanns wieder auf seine Beine.

„Der raucht ja!" Cornelia kann es nicht fassen. „Aus seinem Mund kommt Rauch heraus! Und es riecht auf einmal so gut!"

„Ein Räuchermännchen!", sagt Mutti.

Da vergisst Cornelia auf einmal die Weihnachtsbäume mit den elektrischen Kerzen und die bunten Fenster mit den Plastik-Blinksternen. Sie blickt nur auf das Räuchermännchen und freut sich so richtig darüber, wie gut es auf einmal überall riecht. Und als sie einen kurzen Blick auf die kleine Tüte wirft, die Vati noch immer in der Hand hält, da stellt sie beruhigt fest, dass dort noch viele Räucherkerzen drin sind. Noch sehr viele!

„Das muss ich dem Hajo erzählen!", sagt sie. „Ich bringe ihn morgen mit! Das muss er sehen!"

„Und riechen!", fügt Vati hinzu und legt Cornelia den Arm um die Schulter.

Rolf Krenzer, aus: Der Adventsbaum, © Verlag Ernst Kaufmann, Lahr

Auch in anderen Geschichten spielen Düfte eine große Rolle. In dem Kinderbuch-Klassiker „Wo die wilden Kerle wohnen" von Maurice Sendak segelt Max, nachdem ihn seine Mutter als wilden Kerl gescholten und ohne Essen ins Bett geschickt hat, *„Tag und Nacht und wochenlang und fast ein ganzes Jahr bis zu dem Ort, wo die wilden Kerle wohnen."* Obwohl Max die wilden Kerle zähmt und König von ihnen wird, fühlt er sich bald einsam und sehnt sich dahin, *„wo ihn jemand am allerliebsten hatte."* Und siehe da: *„Da roch es auf einmal um ihn herum nach gutem Essen und das kam von weither quer durch die Welt."*

Dieser Duft zieht Max nach Hause, das Versöhnungsangebot der Mutter – sie stellt ihm das duftende Essen ins Zimmer – hebt die Trennung auf und holt Max aus seiner Fantasiewelt, die er zum Schutz aufbauen musste, zurück.

Kinder fasziniert dieser Aspekt der Geschichte. Nicht nur der Krach der wilden Kerle mit Max als König steht im Vordergrund, sondern der Duft des guten Essens, das sogar noch warm ist, wenn Max nach fast einem Jahr und vielen Wochen und noch einem Tag wieder in seinem Zimmer ankommt.

„EIN GANZ BESONDERER DUFT LIEGT IN DER LUFT"

Liebe Eltern,

geht es Ihnen auch so: Wenn Sie an die Adventszeit und an Weihnachten denken, fallen Ihnen zuallererst Düfte ein? Es scheint, als sei diese Zeit untrennbar verbunden mit dem Duft nach Kerzen, Tannenzweigen, Bratäpfeln, Mandarinen, Lebkuchen und Plätzchen.

Auch in der Weihnachtsgeschichte spielen Düfte und Gerüche eine wichtige Rolle: der Stall mit seinem ganz spezifischen Geruch, das Hirtenfeuer, an dem sich die Hirten und Hirtinnen wach und warm hielten, und die Geschenke der Weisen aus dem Morgenlande, Weihrauch und Myrrhe. Viele Geschehnisse rund um Weihnachten sind geprägt von besonderen Gerüchen und vielleicht sind unsere Weihnachtsbräuche deshalb so „duftintensiv"! Bei genauerer Betrachtung der Erlebnisse unserer Kindergartenkinder wurde uns jedoch bewusst, dass viele dieser intensiven Dufterlebnisse, die wir so selbstverständlich mit Advent und Weihnachten verbinden, zunehmend verdrängt werden. Künstliche Adventskränze riechen nicht mehr nach den Zweigen von Tanne, Fichte oder Wacholder, die ursprünglich verwendet wurden. Die elektrischen Kerzen sind zwar ungefährlicher, knistern aber nicht geheimnisvoll – und es duftet nicht mehr so herrlich nach Bienenwachs oder nach Schwefelhölzern. Sogar der Duft von selbst gebackenen Weihnachtsplätzchen wird immer seltener. Wir haben uns deshalb vorgenommen, diesen Düften in der kommenden Adventszeit viel Raum zu geben, damit sie sich entfalten und ausbreiten können. Die Kinder sollen den Düften um uns herum nachspüren, sie aufspüren – auf dem Weihnachtmarkt, in den Geschäften, im Wald, im Stall – und sie untersuchen: Ist dieser Geruch ein Weihnachtsduft?

Wir sind gespannt, welche Düfte uns dabei begegnen, und höchstwahrscheinlich weht dabei auch Ihnen die eine oder andere besondere Duftnote ins Haus.

Auf eine „dufte" Advents- und Weihnachtszeit freut sich

Ihr Kiga-Team

WEIHNACHTSDUFT IN JEDEM RAUM

TRAUMREISE

Heute fliegen wir ins Weihnachtsland der Düfte. Dieses Land liegt in einer verwunschenen Gegend. Wir können sie nur mit unserem fliegenden Zauberteppich erreichen. Dazu besorgen wir einen flauschigen Teppich (Teppichreste gibt es oft sehr günstig in großen Teppichgeschäften) oder verzaubern mit einem Spruch einen vorhandenen Teppich. Mit ihm können wir, wann immer wir wollen, in das Weihnachtsland der Düfte reisen.

Alle Kinder, die diese Traumreise mitmachen wollen, setzen oder legen sich bequem auf den Teppich. Jedes Kind bekommt ein kuscheliges Kissen in den Arm und alle wissen: Jetzt ist die Zeit zum Verreisen. Wer möchte, kann die Augen schließen.
Mit leiser, beruhigender Stimme erzählt die Erzieherin eine Geschichte. Langsames Erzählen ist wichtig, damit die Kinder die Worte nach und nach auf sich wirken lassen können. Dabei entwickeln die Kinder eigene innere Bilder, die sie an sich vorbeiziehen lassen können.
Auch für die Rückreise lassen wir uns Zeit. Die Kinder werden mit Worten behutsam zurückgeleitet und haben vor dem „Ankommen" noch Gelegenheit, den Bildern und Gefühlen nachzuspüren, die in ihrem Inneren lebendig geworden sind.

Jede Geschichte, die in diesem Rahmen erzählt wird, beschäftigt sich mit einem Weihnachtsduft, der sich während der Traumreise langsam im Raum verbreitet. Dazu brauchen wir entweder eine Aromalampe oder wir schwenken stattdessen einen mit dem Weihnachtsduft getränkten Wattebausch über den Köpfen der Kinder. So kann die Erzählerin – je nach Inhalt der Geschichte – die Duftintensität selbst steuern.

Die Traumreise wird abwechslungsreicher und noch abenteuerlicher, wenn ab und zu Eltern eingeladen werden, um mit uns auf dem Zauberteppich ins Land der Düfte zu entschwinden.

VORLESEN

Weihnachtsduft im Bilderbuch

In dem Bilderbuch „Die vier Lichter des Hirten Simon" vertraut der ältere, verantwortliche Hirte Jakob dem neunjährigen Simon ein kleines Lamm an. Simon passt gut auf das kleine, übermütige Lamm auf, bis er sich einmal müde unter einem Olivenbaum niederlässt, um auszuruhen. Das Lamm kuschelt sich eng an ihn und Simon schließt seine Augen. Da breitet sich ein wundersamer Duft aus, ein Duft von Rosen, Lilien und Mandelblüten, und Simon glaubt auch, einen fröhlichen Gesang zu hören.

Als plötzlich Stille eintrat und sich der Duft wieder verflüchtigt, steht Jakob vor ihm und fragt nach dem Lamm. Doch es ist verschwunden und alles Rufen, Locken und Suchen bringt es nicht zurück.
Der Besitzer der Schafherde ist wütend und verlangt von Simon, das kleine Lamm wiederzufinden. Der besorgte Jakob gibt Simon eine Laterne mit vier Lichtern, die er selbst einst von einem Wanderer bekommen hatte: „Sie werden dem im Dunkeln leuchten, der in Not ist." Mehr kann Jakob nicht für Simon tun.
Zuversichtlich macht dieser sich auf den Weg durch die Nacht. Unterwegs trifft er andere, die in Not sind. Jedem schenkt er mitleidig ein Licht und lindert so ihr Leid. Doch das Lamm findet er nicht.
Entmutigt setzt er sich an den Wegesrand. Wieder wird er von dem wundersamen Duft eingehüllt – dem Duft von Rosen, Lilien und Mandelblüten. Auch der Gesang ist wieder zu hören. Simon steht auf, schaut sich um und entdeckt einen Stall. Zögernd geht er hin und findet das Jesuskind und sein Lamm. Als er dem Kind sein letztes, schwaches Licht schenkt, leuchtet dieses hell auf und erfüllt den ärmlichen Stall mit strahlendem Glanz.

Im Rollenspiel oder bei einer Traumreise können die Erlebnisse von Simon vertieft werden.

WEIHNACHTSGEWÜRZE

WEIHNACHTSDUFT IN DER BIBEL

Als Jesus in Betlehem in Judäa geboren war, zur Zeit des Königs Herodes, siehe, da kamen Weise aus dem Morgenlande nach Jerusalem und fragten: Wo ist der neugeborene König der Juden? Wir haben seinen Stern im Morgenland gesehen und sind gekommen, um ihn anzubeten. … Und siehe, der Stern, den sie im Morgenland gesehen hatten, zog vor ihnen her, bis er über der Stelle stand, wo das Kind war.

Als sie den Stern sahen, wurden sie hoch erfreut, gingen in das Haus und fanden das Kind mit Maria, seiner Mutter, fielen nieder und beteten es an, öffneten ihre Schätze und schenkten ihm Gold, Weihrauch und Myrrhe.

Matthäus 2; Verse 1–2; 9–11

Duftende Geschenke für das Jesuskind

Auf den ersten Blick erscheinen die Geschenke Weihrauch und Myrrhe äußerst merkwürdig und ihr Wert lässt sich für uns nicht nachvollziehen. Beide gehören jedoch zu den ältesten Heilpflanzen der Welt. Einst waren Gewürze und aromatische Kräuter wahre Kostbarkeiten, um die Kriege geführt wurden und die man in Gold aufwog. Daran erinnert noch der Ausspruch von den „gepfefferten" oder „gesalzenen" Preisen.

Damit Kinder verstehen können, wie wichtig Gewürze und aromatische Düfte sind, beschäftigen wir uns ausführlich mit den duftenden Zutaten rund um Weihnachten.

WEIHNACHTSBÄCKEREI

Wir spüren dem Duft von Weihnachtsgewürzen nach

Den Genuss von Weihnachtsgebäck kann man sich bei Sonnenschein gar nicht richtig vorstellen. Lebkuchen und Spekulatius schmecken eigentlich nur in dieser geheimnisvollen und dunklen

Winterzeit. Lebensmittel-Experten haben herausgefunden, dass dies sogar einen tieferen Sinn hat, denn die typischen Weihnachtsgewürze beeinflussen unsere Stimmung: Zimt, Piment oder Nelken wirken entspannend, Vanille und Anis stärken die Abwehrkräfte gegen winterliche Erreger, Ingwer, Kardamom und Kurkuma (Gelbwurz) regen den Kreislauf an. Ingwer för-dert zudem den Speichelfluss, sodass er um das Zehnfache ansteigt und fette Speisen bekömmlicher werden. Muskatnuss dämpft mit dem Aufputschstoff „Myristicin" „die Bitterkeit des Herzens" und „macht deinen Geist fröhlich" – so Hildegard von Bingen.

Noch im letzten Jahrhundert wurden hundertmal mehr Gewürze verbraucht als heute. Insbesondere die Klöster nutzten das Wissen um die guten Kräfte von Kräutern und Gewürzen. Der erste Lebkuchen wurde vermutlich vor 700 Jahren von Mönchen gebacken und zwar als Arzneimittel.

Typisch für die Weihnachtsbäckerei sind folgende Gewürze:

Anis ist das typische Backgewürz. Schon die Griechen liebten Anis wegen seines „heilsamen" ätherischen Öls. Anis schmeckt scharf-süßlich. Anis sollte gelb bis grau-grünlich sein und intensiv duften. Braune Farbe und muffiger Duft deuten auf minderwertige Qualität hin.

Ingwer ist fruchtig-scharf und wird für Fleisch- und Gemüsegerichte verwendet, aber auch für Schokolade, Süßspeisen und süßes Gebäck. Für die Weihnachtsbäckerei verwendet man meist gemahlenen Ingwer.

Kardamom wird aus den Samen eines Ingwergewächses gewonnen. Die Samen schmecken feurig-würzig und unterstreichen das Aroma von Gebäck. Kardamom wird fein gemahlen verwendet.

Nelken sind die getrockneten Blütenknospen des Gewürznelkenbaumes. Charakteristisch würzig duftet und schmeckt ihr Nelkenöl. Gemahlene Nelken verlieren leicht ihr Aroma.

Piment hat auch die Namen Gewürzkörner, Allgewürz oder Nelkenpfeffer. Pimentkörner vereinen den brennend-würzigen Geschmack von Nelken, Zimt, Muskat und Pfeffer.

Sternanis duftet wie Anis, schmeckt jedoch viel intensiver, fast scharfbitter. Er rundet den Geschmack von Gebäck ab.

Vanille wird aus länglichen schwarzen Schoten der Vanillepflanze gewonnen. Der süßlich-würzige Duft- und Aromastoff Vanillin kristallisiert bei besonders aromareichen Früchten zu kleinen weißen Pünktchen aus. Das Mark der Fruchtschoten besteht aus feinen schwarzen Körnchen. Sie sind das Markenzeichen des echten Vanillezuckers. Vanillepulver besteht aus gemahlenen Vanilleschoten.

Zimt wird als angenehm süßlich-feurig beschrieben. Die Zimtstangen zeigen noch die Herkunft als feine Rindenteile des Zimtbaumes.

Gewürzplätzchen sollten ein bis zwei Wochen gelagert werden, sie bekommen dadurch noch mehr Aroma – deshalb sollte man sie rechtzeitig backen! Werden die Kinder mit den einzelnen Gewürzen vertraut gemacht, erschnuppern und erkennen sie diese auch in den guten Plätzchen wieder.

SPiEL

Was riecht da so gut nach Weihnachten?

In der Adventszeit werden viele leckere Plätzchen gebacken. Deshalb duftet es aufregend gut nach Gewürzen. Die Kinder erfahren, was da so riecht und bald schon können sie die unterschiedlichen Gerüche eindeutig zuordnen.

Auf dem Tisch steht ein Schälchen mit rotbraunem Pulver und kleinen Rindenstückchen. Die Kinder schnuppern daran und prägen sich den typischen Geruch von Zimt ein. Sie erfahren, dass dieses Gewürz von weither kommt. Der Zimtbaum wächst zum Beispiel auf den Inseln Sri Lanka oder Madagaskar und die getrocknete Rinde des Zimtbaumes liefert den würzigen Zimt.
In einer anderen Schale liegen schwarze, dürre, kleine Stangen. Sie duften süß, beinahe wie Blumen. Das sind Vanilleschoten. Vanille wird tatsächlich aus einer Blume gewonnen. Die krumpeligen Vanilleschoten kommen aus einer wunderschönen Orchidee. Das ist ihnen zwar nicht mehr anzusehen, der fast märchenhafte Duft der Vanilleschoten jedoch erinnert durchaus noch an die schönen Orchideenblüten aus Mexiko und Madagaskar.

Die kleinen Teile, die in der dritten Schale liegen, sehen ein bisschen aus wie kleine, dunkelbraune Nägel. Sie erinnern schwach an Zimt, riechen jedoch stärker und herber als Zimt. Hierbei handelt es sich um Gewürznelken. Vor dem Trocknen waren es grünrötliche Blütenknospen des Gewürznelkenbaumes – ein immergrünes Myrtengewächs, das in Madagaskar und Brasilien angepflanzt wird. Für Gewürzkuchen verwendet man Nelkenpulver. Gewürznelken sollen auch bei Zahnschmerzen helfen – dazu einfach eine Nelke in den Mund nehmen.

WEIHNACHTSSCHNUPPERKISTE

Für die Weihnachtsschnupperkiste benötigen wir flache Pappschachteln, zum Beispiel Pralinenschachteln. Wir bekleben sie mit Weihnachtspapier oder nehmen nachtblaues Papier und kleben viele glänzende Sterne darauf, das wirkt ansprechend und geheimnisvoll.

In den Schachteln sammeln wir wunderbare Weihnachtsgerüche. Dazu duftende Gewürze oder mit Aromastoffen getränkte Watte in die Schachteln legen. (Beim Einkauf auf gute und auf Schadstoffe geprüfte Ware achten.)

Damit nicht zu viel Duft entweicht, in den Deckel eine kleine Klappe ritzen, die gerade groß genug ist für die Nase. Die Kinder heben die Klappe an. Sie schnuppern, riechen und überlegen: Was ist wohl in der Schachtel?

Sind die Kinder schon geübt im Raten, werden ab und zu andere Düfte darunter gemischt, die nichts mit Weihnachten zu tun haben. Die Kinder entlarven die Düfte schnell.

Wahlweise können auch Gläser genommen werden, die mit Stoff und Gummiband bespannt werden. Dann können die Kinder durch den Stoff riechen, womit das Glas gefüllt wurde. Damit sie jedoch den Inhalt nicht sehen können, werden die Gläser mit dunklen Farben bemalt.

Wenn wir mit den Kindern Lebkuchen, Spekulatius oder Pfefferkuchen gebacken haben, können sie auch mit verschlossenen Augen an diesem Gebäck schnuppern und raten, um welche Sorte es sich handelt.

LiED

Weihnachtsduft liegt in der Luft

Melodie: Rainer Scheuring, Text: Gerlinde Knisel-Scheuring
© Verlag Ernst Kaufmann, Lahr

(Solo/Alle:) Kat - ja kommt nach Hau - se und
merkt es gleich: In der Luft, in der Luft
liegt ein ganz be-sond'-rer Duft, liegt ein fei-ner Duft.
Sie schnüf - felt und riecht und dann fällt ihr
ein, das kön - nen nur die gu - ten Zimt - ster - ne
sein. Ja, es ist wahr, ja, es ist wahr,
Weih - nach - ten ist nah, ja, es ist nah.

1.
Solo:
Katja kommt nach Hause und merkt es gleich:
Alle:
Katja kommt nach Hause und merkt es gleich:
In der Luft, in der Luft liegt ein ganz besond'rer Duft.
In der Luft, in der Luft liegt ein feiner Duft.
Sie schnüffelt und riecht und dann fällt ihr ein:
„Das können nur die guten Zimtsterne sein."

Refrain:
Ja, es ist wahr, ja, es ist wahr: Weihnachten ist nah.
Ja, es ist wahr, ja, es ist wahr: Weihnachten ist nah.

2.
Solo:
Joschi kommt nach Hause und merkt es gleich:
Alle:
Joschi kommt nach Hause und merkt es gleich:
In der Luft, in der Luft liegt ein ganz besond'rer Duft.
In der Luft, in der Luft liegt ein feiner Duft.
Er schnüffelt und riecht und dann fällt ihm ein:
„Das können nur die guten Bratäpfel sein."

Refrain

3.
Solo:
Susi kommt nach Hause und merkt es gleich:
Alle:
Susi kommt nach Hause und merkt es gleich:
In der Luft, in der Luft liegt ein ganz besond'rer Duft.
In der Luft, in der Luft liegt ein feiner Duft.
Sie schnüffelt und riecht und dann fällt ihr ein:
„Das können nur die guten Lebkuchen sein."

Die Kinder können weitere Strophen dazuerfinden.

RASTELN, RACKEN, SCHENKEN, SPIELEN

DUFTENDER ADVENTSKRANZ

Auch die verschiedenen immergrünen Zweige, die in einen Adventskranz eingearbeitet werden, riechen sehr unterschiedlich. Damit Kinder diese verschiedenen Duftnoten entdecken können, organisieren wir einen Besuch in einer Gärtnerei und Baumschule, die auch Weihnachtsbäume verkauft. Alternativ dazu kann die Gruppe mit einem Förster oder einer Försterin eine Waldwanderung erleben.

Die Kinder lernen die unterschiedlichen immergrünen Sträucher und Bäume kennen, riechen an ihnen und stellen sich selbst eine Auswahl an Zweigen zusammen, die sie für den Adventskranz verwenden wollen.

Das gemeinsame Binden des Adventskranzes im Kindergarten ist eine schöne Erfahrung für Kinder. Sie schneiden die Zweige zurecht und lernen verschiedene Methoden, einen Adventskranz zu gestalten.

Während der gemeinsamen Beschäftigung in der Gruppe können Erinnerungen an den Besuch in der Gärtnerei und im Wald aufleben. Die unterschiedlichen Zweige werden benannt und die Kinder diskutieren über den Geruch von Tanne, Fichte, Lebensbaum oder Wacholder.

Daraus ergeben sich viele Gesprächsanlässe. Die Erzieherin sollte die Fragen der Kinder aufgreifen, um ihnen Hintergründe zum Weihnachtsfest und weihnachtlichen Brauchtum zu vermitteln; welche Bedeutung haben immergrüne Zweige für uns Menschen, warum hängen wir Mistelzweige auf und wie wichtig sind Misteln als Heilpflanzen.

POTPOURRIS UND POMANDER

Nach alter Tradition werden in der Advents- und Weihnachtszeit mit gut riechenden Potpourris und Pomandern besondere Düfte in die Zimmer geholt. Ein Potpourri ist eine Mischung aus getrockneten Blüten und Blättern, Kräutern und Gewürzen. Pomander sind Duftkugeln aus Porzellan oder Ton, die mit Potpourris gefüllt sind. Durch die vielen kleinen Löcher in den Kugeln kann der Duft nach außen strömen.

Im Mittelalter war das Herstellen von gut riechenden Potpourris eine Fertigkeit, die jede Hausherrin beherrschen musste. Die Zusammensetzung der Potpourri-Mischung wurde wie ein Geheimnis gehütet. Eines davon wollen wir aber heute lüften:

Potpourri-Mischung für den Kindergarten

Aus ganzen Gewürznelken, zerbröckelten Zimtstangen, getrockneten Blüten – zum Beispiel von Rosen, Veilchen, Kamille oder Lavendel –, aus Blättern des Eukalyptus und kleinen Stückchen von Orangenschalen besteht unser Potpourri. Die Mischung wird in eine Schale gefüllt und auf einen kleinen Tisch gestellt. Der Duft zieht die Kinder schon bald an.

Pomander aus Ton

Benötigt werden:
Zeitungspapier, Ton, Holzstäbe, buntes Band, Wasserfarben oder andere Farben

Vorgehensweise:
- Zeitungspapier zu einem runden Knäuel zusammenknüllen.
- Ton auf dem Tisch flachdrücken und das Knäuel aus Zeitungspapier damit vollständig umhüllen. Wichtig ist, dass alle Übergänge gut verschmiert werden.
- Die Tonkugel antrocknen lassen.
- Auf eine Seite zwei Löcher einbohren, durch die später das Aufhängeband gezogen wird.
- Mit einem Holzstab Luftlöcher in die Kugel bohren, damit der duftende Inhalt entweichen kann.
- In die Kugel werden Muster geritzt oder gedrückt.

- Wird die Kugel im Brennofen haltbar gemacht, muss das Zeitungspapier nicht entfernt werden, es verglüht. Wird die Kugel nur an der Luft getrocknet oder möchte man später größere Duftblätter einfüllen, schneidet man eine Öffnung in die Kugel, möglichst in der Größe eines Korkens, damit sie immer wieder einfach verschlossen werden kann.
- Nach dem Trocknen kann die Kugel bemalt werden.
- Den duftenden Inhalt einfüllen und die Kugel aufhängen.

Orangenball

Mit ein wenig Geduld können wir gemeinsam mit den Kindern eine schön anzusehende und wohlriechende Duftkugel herstellen. Wir brauchen dazu je eine Orange, schöne Gewürznelken mit großen Köpfen und hübsches Geschenkband.

Und so wird's gemacht:
Zuerst ein Band um die Orange knüpfen. Dazu Geschenkband von oben nach unten um die Orange legen, die beiden Enden an den Unterseiten überkreuzen und wieder nach oben führen. Dort das Band verknoten. Beide Enden weiter nach oben führen, in gewünschter Länge verknoten und eine dekorative Schleife binden. Dann werden die Gewürznelken in die Schale der Orange gedrückt. Die Kinder denken sich dafür unterschiedliche Muster aus. Und schon ist unser nach Nelken und Orangen duftender Pomander fertig.

AN DÜFTEN DIE ZEIT ERKENNEN

Aus China sind Zeitmesser bekannt, welche die Stundeneinteilung durch unterschiedliche Gerüche anzeigen. Die einzelnen Stunden werden an den verschiedenen Gerüchen erkannt.
In Scheiben aus Hartholz wurden dazu Rillen geschnitzt, die labyrinth- und spiralenartig angeordnet sind und insgesamt eine Länge von sechs Metern ergeben. Die Rillen werden mit einer Mischung aromatischer Kräuter gefüllt. Diese Mischung wird in der Mitte angezündet und von dieser Mitte aus brennen die Kräuter sechs Doppelstunden lang. Durch die unterschiedlichen Gerüche lassen sich die Stunden voneinander unterscheiden.

In der Advents- und Weihnachtszeit pflegen ErzieherInnen im Kindergarten viele Rituale: Jetzt ist Zeit dafür, den Adventskalender zu öffnen; jetzt kuscheln wir uns gemütlich aneinander und lauschen einer Geschichte; jetzt setzen wir uns an den Tisch und genießen Weihnachtskekse; jetzt zünden wir die Kerzen am Adventskranz an und singen gemeinsam Lieder …

Es ist besonders eindrucksvoll für Kinder, wenn die einzelnen Elemente von einem bestimmten Duft eingeleitet und begleitet werden, der zu diesem Ritual gehört.

Dazu können Kinder oder ErzieherInnen mit einem Pomander in der Hand durch den Raum gehen, sodass sich der Duft gut verteilt und alle Kinder erreicht. Auch eine Aromalampe erzielt diese Wirkung. Ein aromatisch duftender Tee leitet die gemütliche Keksrunde ein. Duftkerzen erhellen die Erzähllecke, in der sich die Kinder zusammenkuscheln und einer Geschichte lauschen usw. Wichtig ist nur, immer denselben Duft und dieselbe „Riechquelle" für ein bestimmtes Ritual einzusetzen.

Was ich esse – was ich trinke – alles duftet nach Weihnachten

Denkt euch – ich habe das Christkind gesehn!
Es kam aus dem Walde, das Mützchen voll Schnee,
mit rot gefrorenem Näschen.
Die kleinen Hände taten ihm weh;
denn es trug einen Sack, der war gar schwer,
schleppte und polterte hinter ihm her –
was drin war, möchtet ihr wissen?
Ihr Naseweise, ihr Schelmenpack –
meint ihr, er wäre offen, der Sack?
Zugebunden bis oben hin!
Doch war gewiss etwas Schönes drin:
Es roch so nach Äpfeln und Nüssen!

Anna Ritter

FÜR KLEINE NASCHKATZEN

Gewürznüsse

250 g Zucker und 3 Eier schaumig schlagen. 300 g gemahlene Mandeln, 1 Tl Zimtpulver, 1 Tl geriebene Muskatnuss und 2 Tl Kakao untermischen. 200 g Mehl darüber sieben und nach und nach einarbeiten. Den Teig zugedeckt bei Raumtemperatur etwa 2 Stunden ruhen lassen.

Aus dem Teig mit bemehlten Händen kirschgroße Kugeln formen, etwas flach drücken und mit Abstand (sie laufen etwas auseinander) auf Backpapier oder ein eingefettetes Blech legen. Im vorgeheizten Backofen bei 180° C auf mittlerer Schiene etwa 10 Minuten backen. Die Gewürznüsse auf einem Kuchengitter auskühlen lassen. Wahlweise mit einem Zuckerguss aus 125 g Puderzucker und 2–3 El Zitronensaft bestreichen und zum Verzieren Zuckerperlen darüber streuen.

Haselnussbällchen

Diese köstlichen Bällchen entfalten einen wahrhaft weihnachtlichen Geschmack. Dazu 3 Eiweiße in eine Schüssel füllen und mit 1 Päckchen Vanillezucker und 250 g Puderzucker sehr steif schlagen. Von dieser Masse 4 El beiseite nehmen. 300 g gemahlene Haselnüsse und 1 Tl Zimt unter den restlichen Eischnee heben.

Aus dieser Masse formen die Kinder walnussgroße Kugeln und setzen sie in Papierförmchen. Sie drücken in die Mitte kleine Vertiefungen, bestreichen sie mit Eischnee und setzen eine ganze Haselnuss hinein. Die Haselnussbällchen im vorgeheizten Backofen bei 125° C auf der Mittelschiene etwa 25 Minuten backen. Auf einem Kuchengitter auskühlen lassen – und genießen.

Honigplätzchen für den Tannenbaum

2 Eier, etwa 50 ml Milch, 125 g flüssigen Honig, 250 g fein gemahlenen Weizen, 100 g fein gemahlenen Hafer, 100 g fein geriebene Haselnüsse, je 1 Tl Zitronen- und Orangenschalengranulat, ½ Tl Naturvanille, etwas Ingwerpulver, ½ Tl Pfefferkuchengewürz, ½ Tl Backpulver.

Zubereitung:
Eier schaumig schlagen, Milch und Honig zugeben. Das Mehl mit den Gewürzen, dem Backpulver und den Haselnüssen mischen und zur Eiermasse geben. Den Teig kräftig durchkneten und so viel Mehl dazugeben, dass der Teig ausgerollt werden kann.

Nun mit Ausstechformen Weihnachtsmotive wie Tannenbäume, Sterne, Halbmonde oder Vögel ausstechen. Mit einer Stricknadel Löcher anbringen.

Nach dem Backen (etwa 25 Minuten bei 180° C) eine Goldkordel durch den leckeren Weihnachtbaumschmuck ziehen.

Die Plätzchen können außerdem mit Mandeln, Kürbiskernen, Mohn, Sesam oder Pistazien verziert werden.

Die Plätzchen schmecken lecker und sind sehr haltbar.

Schokoladenmänner und -frauen

Zutaten:
5 El Haferflocken, 5 El Honig, 2 El Kakao, 70 g Butter und 5 El Milch zu einem Teig verkneten. Mit angefeuchteten Händen eine Rolle formen und in 2 bzw. 3 cm dicke Stücke schneiden. Diese zu Kugeln formen, in Schokostreuseln wälzen und aufeinander setzen. Übergänge mit einem kleinen Spachtel (oder mit der Rückseite eines Kaffeelöffels) verstreichen. Mit Mandelstiften Augen, Nase und Haare gestalten. – Fertig sind Herr oder Frau Schokolade!

Duftender Adventspunsch

2 Tl losen Malven- oder Hagebuttentee, ½ Zimtstange, ½ Tl Gewürznelken und 1 El echten Honig oder Kandis in einen Krug geben und mit heißem Wasser aufgießen. 5–10 Minuten ziehen lassen, dann durch ein Sieb in einen Topf gießen. Den Saft von sechs Orangen und einer halben Zitrone hinzugeben und kurz erhitzen, sodass der Adventspunsch heiß serviert werden kann.

GEDICHT

Der Bratapfel

Kinder, kommt und ratet,
was im Ofen bratet!
Hört, wie's knallt und zischt.
Bald wird er aufgetischt,
der Zipfel, der Zapfel,
der Kipfel, der Kapfel,
der gelbrote Apfel.

Kinder, lauft schneller,
holt einen Teller,
holt eine Gabel!
Sperrt auf den Schnabel
für den Zipfel, den Zapfel,
den Kipfel, den Kapfel,
den goldbraunen Apfel!

Sie pusten und prusten,
sie gucken und schlucken,
sie schnalzen und schmecken,
sie lecken und schlecken
den Zipfel, den Zapfel,
den Kipfel, den Kapfel,
den knusprigen Apfel.

Volksgut

Neben der Zubereitung eines Bratapfels können wir auch das folgende Rezept mit getrocknetem Obst ausprobieren:

Gefüllte Früchte

Zutaten:
etwa 10 getrocknete, ungeschwefelte Pflaumen, etwa 15 getrocknete, ungeschwefelte Datteln, 50 g Korinthen, 50 g Haselnüsse, 50 g Walnüsse, jeweils ½ Tl Orangen- und Zitronenschalengranulat, 1 Prise Nelkenpulver, 1 Prise Zimt, ½ Tl Vanillepulver, 1 El Orangensaft, 1 El Ahornsirup

Wir entsteinen Pflaumen und Datteln vorsichtig und ritzen eine Vertiefung ein, ohne sie durchzuschneiden. Dann schneiden wir die Korinthen klein und mahlen die Nüsse, mischen sie mit den Gewürzen, dem Sirup und dem Saft und füllen die Masse vorsichtig in die Früchte. Die fertigen Früchte bis zum Verzehr in einem verschlossenen Gefäß im Kühlschrank aufbewahren.

DUFTENDE WEIHNACHTSBAUM-ANHÄNGER

Die Anhänger werden aus duftenden Bienenwachsplatten hergestellt, die man in gut sortierten Fachgeschäften für Bastelbedarf und kreatives Werken erhält. Mit Plätzchenformen werden weihnachtliche Motive ausgestochen. Die Tannenbäume, Engel, Sterne, Halbmonde oder Schäfchen können am Rand mit einer goldenen Kordel verziert werden, die auch als Aufhängeband dient.

SELBST GEMACHTE KERZEN

Außerdem können die Wachsplatten auch zu Kerzen gerollt werden. Im Fachhandel besorgen wir Dochte dafür. Für die Kerze einen Docht an der Kante der Wachsplatte ganz fest einrollen und den Rest der Platte zusammenrollen. Mit wenig Aufwand können hier schon die Kleinsten ein wunderbar duftendes Geschenk alleine herstellen.

Aufwendiger, aber sehr beeindruckend für Kinder, ist das Kerzenziehen, eine ganzheitliche Erfahrung, an der alle Sinne beteiligt sind. Die Kinder erleben den Duft von heißem Kerzenwachs, dem Duftessenzen zugefügt werden können, das vorsichtige Eintauchen in die einzelnen Wachstöpfe, das Flackern der Kerzen, die den Raum erhellen, und das langsame „Wachsen" der Kerze. Es gibt viel zu tun und viel zu staunen.

Wir sammeln Kerzenreste oder besorgen Kerzengranulat, füllen das Wachs in hohe Blechdosen – Spargeldosen eignen sich am besten – und erhitzen es im Wasserbad, damit es schmilzt. Falls Kerzenreste verwendet wurden, müssen die Dochtreste aus dem flüssigen Wachs entfernt werden. Die Dosen auf Stövchen verteilt auf eine lange Tafel stellen.

Die Kinder tauchen nun ihren neuen Docht in die Dose mit dem flüssigen Wachs und ziehen ihn langsam wieder heraus. Sie gehen zur nächsten Dose und tauchen ihre entstehende Kerze wieder ein und so weiter. Man muss unbedingt darauf achten, dass das Wachs immer flüssig bleibt; deshalb die Dosen eventuell zwischendurch wieder auf dem Herd erwärmen.

Erfahrungsgemäß fällt es den Kindern schwer, zwischen dem Eintauchen lange genug zu warten, damit jede Wachsschicht etwas auskühlen und trocknen kann. Deshalb ordnen wir die Wachsdosen in einem größeren Abstand auf dem Tisch an, sodass die Kinder bis zur nächsten Station ein Stückchen laufen können. Auf diese Weise gibt es auch kein Gerangel und kein Drängeln um die Tafel.

RÄUCHERFRAUEN UND -MÄNNER AUS PAPIER

Benötigt werden:
festes Zeichenpapier, ein Zirkel, Klebstoff, Buntstifte, Räucherkerzen und fester Karton oder Pappe.

Mit dem Zirkel einen Kreis von etwa 25 cm Durchmesser auf das
Zeichenpapier ziehen. Den Kreis ausschneiden, in der Mitte fal-
ten und halbieren, denn für den Räuchermann oder die Rä-
cherfrau wird nur eine Hälfte der Papierscheibe benötigt.

An der geraden Seite den Mittelpunkt suchen und um diesen
Punkt mit dem Zirkel einen Halbkreis von etwa 3 cm Durchmesser für die Hutspitze einzeichnen. Von diesem Mittelpunkt aus
lässt sich auch das Gesicht symmetrisch aufzeichnen. Die Gestaltung des Gesichtes bleibt jedem freigestellt; notwendig ist nur
eine runde Öffnung für den Mund, die ausgeschnitten werden
muss, damit der Rauch später abziehen kann. Aus dem be-
malten Halbkreis nun einen Kegel formen; dazu die gerade
Seite übereinander ziehen und festkleben.

Damit im Bauch der Figur die Räucherkerze brennen und
der Rauch auch gut abziehen kann, wird unten auf der
Rückseite des Mantels zusätzlich eine kleine Öffnung
eingeschnitten. Dadurch entsteht eine gute Sogwir-
kung.

Unsere Räucherfrauen und -männer brauchen
abschließend noch eine schicke Kopfbedeckung. Dazu
eine kreisrunde Scheibe zurechtschneiden, in der Mitte ein kleines Loch ausschneiden und diesen Hut über den Kegel stülpen.
Jetzt können die Kinder einen glimmenden Räucherkegel auf
einen Teller stellen und ihre Figur darüber stülpen – schon
kommen aus dem Mund lustige Rauchwolken, die angenehmen
Duft verbreiten.

Wahlweise können die Räucherfrauen und -männer
auch aus Ton gestaltet werden. Dann muss man für
die Räucherkegel und die fertige Figur auch einen
Untersetzer aus Ton formen.

FINGERSPIEL

Fünf lustige Gesellen stehen hier und fragen:
„Sollen wir euch etwas über Weihnachten sagen?"
Die fünf Finger einer Hand zeigen.
Alle nicken und lachen und rufen: „Nur zu!
Wir wollen es wissen, und zwar im Nu."
Die Finger der anderen Hand zeigen und einzeln „nicken" lassen.
Der gewichtige Daumen stellt erst einmal klar:
„Wenn der Nikolaus kommt, ist Weihnachten nah."
Daumen der ersten Hand zeigen.

Der Zeigefinger schüttelt den Kopf und spricht:
„Weihnachten ist nah erst beim vierten Licht."
*Zeigefinger schütteln und mit der anderen Hand nacheinander die vier
Adventslichter zählen.*
Der Mittelfinger aber reckt sich und lacht:
„Weihnachten ist, wenn's hell wird bei Nacht."
Mittelfinger zeigen und die andere Hand öffnen, helle Strahlen symbolisieren.
Der Ringfinger hat noch eine andere Idee:
„Weihnachten riecht nach Bratapfel und Tee."
*Ringfinger zeigen, mit der anderen Hand Tasse halten, riechen, blasen
und an der Tasse nippen.*
Nur der kleine Finger muss nicht lange nachdenken:
„Weihnachten ist, wenn wir uns alle beschenken."
*Kleinen Finger zeigen, dann legt zuerst die eine Hand etwas auf den
Handteller der anderen Hand und umgekehrt.*

DUFTENDES WEIHNACHTSGESCHENK

Seife selbst herstellen

Seifensieden ist ganz einfach und für Kinder hochinteressant. Die Seife kann bunt eingefärbt werden. Und seinen besonderen Seifenduft darf jedes Kind selbst bestimmen.

Zum Einfärben eignen sich Pflanzenfarbstoffe wie Indigo, Koschenille, Safranpulver, Tee-Extrakte oder Rote-Beete-Saft; als Duftessenzen haben sich Rosenöl, Lavendel-, Bergamotte- oder Fichtennadelöl besonders gut bewährt.

Die Kinder können nach Herzenslust riechen und schnuppern und in aller Ruhe ihren Lieblingsduft auswählen.

Zusammensetzung der einzelnen Zutaten:

- Kernseife ist die Grundsubstanz (erhältlich in Drogerien)
- Walrat macht die Seife geschmeidig (gibt es geraspelt oder als weißes Pulver in der Apotheke)
- Honig und Zitronensaft
- Duftessenzen
- Pflanzenfarbstoffe

Wenn alle Zutaten besorgt und bereitgestellt wurden, kann es losgehen:

1. Schritt: Kernseife raspeln und mit Walrat in einen Topf geben. Honig, Zitronensaft, Duftessenz und Farbstoff dazuschütten.

2. Schritt: Den Topf in ein Wasserbad stellen und alles gut vermengen. So lange erhitzen, bis sich die Zutaten gut miteinander verbunden haben.

3. Schritt: Damit die Seife eine schöne Form bekommt, wird der Sud in Förmchen gefüllt – Sandkastenformen eignen sich gut. Wenn die Mischung abgekühlt ist, ist die Seife fertig. Hübsch verpackt ist sie ein schönes, duftendes und sinnvolles Geschenk.

Weitere duftende Geschenke, die man mit Kindern herstellen kann, sind Badesalz oder Duftsäckchen.

KINDERGARTENFEST: WEIHNACHTEN IM STALL

Ein ausgefallenes Krippenspiel

Heute kennen die wenigsten Kinder noch einen Kuhstall. Selbst auf dem Land ist es nicht mehr selbstverständlich, dass Eltern direkt auf dem Bauernhof einkaufen und dabei ihren Kindern einen Stall zeigen können.

Kinder wissen deshalb nicht genau, was es bedeutet, wenn in der Weihnachtsgeschichte erzählt wird, dass Maria und Josef in einem Stall Herberge fanden. Sie können sich auch nicht vorstellen, wie es in einem Stall riecht oder welche Wärme und Geborgenheit die Tiere ausstrahlen. Es ist deshalb ein ganz besonderes Erlebnis für die Kinder, wenn sie zuerst in Bilderbüchern etwas über das Leben der Tiere im Stall lernen und bei einem Ausflug ihr Wissen erweitern und die Tiere mit allen Sinnen erleben.

Wir planen also mit den Kindern einen Besuch auf einem Bauernhof. Wenn sich diese Möglichkeit nicht anbietet, können die ErzieherInnen auch einen Ausflug in ein Tiergehege in einem Stadtpark oder zu einem Reiterhof organisieren.

Erfahrungsbericht einer Erzieherin:

Jedes Jahr habe ich mit den Kindern die Weihnachtsgeschichte vertieft und immer wieder gingen mir dabei andere Aspekte auf. Aber so besonders eindrücklich wie dieses Jahr hatte ich das Geschehen rund um Weihnachten noch nie nachempfunden. Wir wollten einmal ganz intensiv den Weihnachtsdüften nachspüren. Dabei kamen wir auch auf den Ort des Geschehens zu sprechen und auf den Duft nach Heu und Stroh.

„Aber wahrscheinlich hat es dort auch ganz schön gestunken", meinte dann eine Kollegin, womit sie eine heftige Diskussion über ,Stallgerüche' auslöste. Letztendlich wollten wir alle selbst nachforschen, wie es nun tatsächlich in einem Stall riecht. Wir fanden ganz in der Nähe einen Bauernhof, der bereit war, uns und die Kinder in seinem Stall ,schnuppern' zu lassen. Die Idee, an einem solchen Ort mit den Kindern die Weihnachtsgeschichte zu spielen, war nahe liegend. Wir wollten alles mit Dias festhalten und diese Dias dann auf der Weihnachtsfeier den Eltern zeigen.

Alles wurde sorgfältig vorbereitet und die Kinder wurden schon im Kindergarten auf das Spiel eingestimmt. Sie fanden sich schnell in ihre Rollen hinein und suchten sich die entsprechenden Requisiten zusammen, sodass der Weg zum Bauernhof schon Teil des Spiels war.

Die unterschiedlichen Gruppen machten sich also auf den Weg: Zuerst ging die Gruppe der „Gastwirte und -wirtinnen" los, dann folgten Maria und Josef, die beiden wurden noch von anderen begleitet, die sich schätzen lassen mussten, die Heiligen Drei Könige brachen von einer anderen Seite des Kindergartens auf und die Gruppe der Hirten und Hirtinnen suchte sich einen dritten Weg. Die beiden letzten Gruppen nahmen längere Wege zum Bauernhof, sodass sie erst ankamen, als Jesus schon geboren war.

Der Weg zum Stall war lang und Maria, Josef und ihr Gefolge legten ab und zu eine Pause ein, aber endlich erreichten sie „Betlehem". Sie klopften an die Türen von vielen verschiedenen „Gasthäusern". Dazu nutzten wir alle Türen, die es auf dem Bauernhof gab und postierten dort Kinder, die als Gastwirte auftraten. – Doch leider gab es keine Herberge mehr für Maria und Josef.

Endlich hatte ein mildtätiger Gastwirt Mitleid. Er konnte zwar auch kein Zimmer mehr anbieten, zeigte den beiden jedoch eine Ecke im Stall. Josef schüttete sorgsam das Stroh und Heu zurecht und legte die Futterkrippe, die der Gast- und Landwirt noch bereitgestellt hatte, mit einem weichen Fell aus.

In der Zwischenzeit spürte Maria auch schon, dass Jesus geboren werden wollte. Er drückte schon unter ihrem weiten Rock. Josef half mit, das Puppenkind hervorzuzerren, und völlig geschafft saßen die beiden danach im Stroh.

Dieser Anblick wird mir immer unvergesslich bleiben. Noch eindrücklicher waren aber die Reaktionen der anderen Kinder. Überwältigt von der besonderen Atmosphäre des Stalls, blieben die drei Könige auf der Schwelle der Stalltür stehen. So verwirrt und fehl am Platze müssen sich die drei Weisen damals auch gefühlt haben. Als gar noch eine Kuh zu muhen anfing, wichen sie erschrocken zurück. Dann kamen die Hirten noch dazu. Diese jedoch drängten beherzt in den Stall und in ihrem Schutz trauten sich nun auch die drei Weisen herein.

Plötzlich war ein Gedränge und ein Leben im Stall. Doch als die Flöten der Engel leise zu spielen anfingen – wir hatten einfach einen CD-Player mitgenommen –, wurden die Besucher wieder ganz still. Einer nach dem anderen brachte dem Jesuskind sein Geschenk und abschließend sangen alle ein Weihnachtslied.

Inzwischen war es spät geworden und nach und nach zogen die einzelnen Gruppen wieder heim. Die Kinder haben noch ganz lange von diesem unvergleichlichen und unvergesslichen Erlebnis erzählt.

LiTERATUR

Jüntschke, Ilse: *Im Kindergarten Weihnachten erleben.* Verlag Ernst Kaufmann, Lahr, 1995

Löscher, Wolfgang (Hrsg.): *Vom Sinn der Sinne.* Don Bosco Verlag, München, 1994

Pfister, Marcus (Ill.) / Scheidl, Gerda M.: *Die vier Lichter des Hirten Simon.* Nord-Süd Verlag, Zürich, 1991

Schupp, Renate/Deßecker, Rosemarie: *Bald nun ist Weihnachtszeit.* Verlag Ernst Kaufmann, Lahr, 1994

Schutt, Karin: *Gesundheit und Entspannung durch ätherische Öle.* Falken Verlag, Niedernhausen, 1990

Steiner, Franz und Renate: *Die Sinne. Spielen – Gestalten – Freude entfalten.* Veritas Verlag, Linz, 3. Aufl. 1995

Zimmer, Renate: *Sinneswerkstatt. Projekte zum ganzheitlichen Leben und Lernen.* Herder Verlag, Freiburg, 4. Aufl. 1999

KaufmannKindergarten

Verlag Ernst Kaufmann · Postfach 2208 · 77912 Lahr · Telefon 07821-9390-0

Martin Göth,
Paul Weininger

Mit neuen Liedern und Geschichten, Instrumentalstücken, Tänzen und Spielvorschlägen bieten „Kaufmanns CD-Bücher" Anregungen zur Beschäftigung mit kleinen Kindern. Eine CD als Zugabe zu dem kleinen Buch enthält alle Texte aus dem Heft sowie die Lieder und deren Playback-Version zum Mitsingen.

Danke für die schöne Welt
Buch und CD mit Liedern, Geschichten und Tänzen sowie einem Singspiel
32 S., durchgehend farbig
ISBN 3-7806-2569-5

Ich freu mich schon auf den Advent
Buch und CD mit Liedern, Texten und einem Weihnachtsspiel
32 S., durchgehend farbig
ISBN 3-7806-2538-5

Pssst, pssst! Hört mal – Stille ...
Buch und CD mit Liedern, Geschichten, Tänzen und Übungen sowie einem Singspiel zum Stillwerden und Entspannen
32 S., durchgehend farbig
ISBN 3-7806-2552-0

Neben einem allgemeinen Band zu Gesprächssituationen zwischen Eltern und ErzieherInnen ist in der Reihe „Mit Eltern im Dialog" einzelne Themenhefte mit konkreten Gesprächshilfen für bestimmte aktuelle Situationen und Krisen erschienen. Theoretische Hintergrundinformationen dazu werden in fiktiven Fallgesprächen behandelt und praxisnah vermittelt. Mit Illustrationen werden die einzelnen Szenen in Bilderfolgen umgesetzt.

Gerlinde Knisel-Scheuring

Mit Eltern im Dialog: Gesprächshilfen für Erzieherinnen in Kindergarten und Hort
56 S. mit Illustrationen von Susanne Bochem
ISBN 3-7806-2567-9

Johanna Friedl

Mit Eltern im Dialog: Trennung und Scheidung
Gesprächshilfen für Erzieherinnen in Kindergarten und Hort
56 S. mit Illustrationen von Susanne Bochem
ISBN 3-7806-2568-7

Die Praxis-Reihe Erlebnis*Tage* bietet Erzieherinnen zahlreiche Ideen und Anregungen für die themenbezogene Gestaltung des Alltags im Kindergarten.

Gerlinde Knisel-Scheuring

Wir entdecken unseren Stadtteil
40 S. mit Illustrationen von Michael Wrede
ISBN 3-7806-2550-4

Beate Maly

Wir entdecken den Garten
40 S. mit Illustrationen von Bärbel Witzig
ISBN 3-7806-2549-0

Gerlinde Knisel-Scheuring

Wir entdecken die Welt der Bücher
40 S. mit Illustrationen von Daniel Zimmermann
ISBN 3-7806-2566-0

Gerlinde Knisel-Scheuring

Wie riecht Weihnachten?
40 S. mit Illustrationen von Mathias Weber
ISBN 3-7806-2565-2